L'IMPRIMEVR
au Lecteur.

Afin que tu saches (ô Lecteur) le fruict que tu peux receuoir par la leçon de ce petit traicté, côtenant le discours du voyage de Venise a Constantinople, ie t'ay bien voulu aduertir q̃ non content de la premiere leçon d'icelluy, tu y vouldras retourner souuentefoys, cóme a chose digne d'estre fermemẽt attachée & inserée en la memoire de ceux qui desyrẽt sçauoir les hystoires, le recit, & publicatiõ desquelles est grandement vtile, & proffitable a l'experiẽce humaine, veu mesmement que l'oeil des lettrez se recrée a la diuersité des choses, & le plus grãd fruict qui te peut aduenir par la leçõ de ceste description de la Grece, c'est que nostre Autheur Gassot, non vulgairement instruict aux bonnes letres. (en racõptant les choses admirables de ces pays estranges) noꝰ mect deuant les yeulx plusieurs lieux recitez par les anciẽs Hystoriographes, qui a present sont ruinez, & ausquelz n'est

A ii

demouré que le nom ancien: attendu que le temps efface tout, & que par long espace des ans toutes choses sont muables, & de petite durée. Oultre cela verras plusieurs choses dignes de memoire, desquelles tu pourras tirer non moins de fruict que de plaisir, tant des braues situations des edifices, que de la merueilleuse force de nature qui diuersement a creé toutes choses. A tant i'en laisse la leçon au iugement des yeux clair voyants: par lesquelz ie m'asseure que ce labeur sera bien receu, & qu'a son Autheur Gassot, graces & louanges condignes en serōt rendues.

Les fautes aduenues a l'impression du present traicté.

premierement au 5. fueillet, page premiere, pour Cōstantiuople ly Constantinople. au 6. fueillet, page 2. pour souuent ly sonnét. 11. fueillet, pour laue ly l'eau. au 13 fueillet, page 2. pour compagne ly compagnie. 20. fueillet, page 2. pour combetent ly combatent. 33. fueillet, pour bonne longue & vie, ly bonne & longue vie.
au dernier fueillet dedans l'extraict du priuilege, pour quarante ans ly quatre ans.

Le Discours du

VOYAGE DE VENISE A
Constantinople, contenant la querele du
grand Seigneur contre le Sophi: auec
elegante description de plusieurs
lieux, villes, & Citez de la
Grece, & choses admira-
bles en icelle.

Par maistre Iaques Gassot, dedié & en-
uoyé a maistre Iaques Tiboust, escuier,
Seigneur de Quantilly, Notaire &
Secretaire du Roy, & son Esleu en
Berry.

Auec priuilege.

1550.

On les vend au Palais a Paris, en la bou-
tique d'Antoine le Clerc.

Ad Lectorem, F. Haberti Epigramma.

Discere vis, Lector, quid Græcia fertilis adfert?
  Hoc ex Gassoti munere munus habes.
Quæ nobis etenim visa est aperire vetustas,
  Vrbibus ex Græcis, iste libellus habet.
Sed quæ longæuo mutantur tempore, mirâ
  Gassotus linguæ dexteritate refert.
Ad perdiscendas multũ hæc conducere possunt
  Hystorias, multũ hinc & tibi frugis adest.
Sis ergo intentus noua qui cupis omnia, Lector,
  Hæc tibi non modicæ pagina frugis erit.

A Monsieur maistre
I. Thibouft, Escuier, seigneur de Quantilly, Notaire & Secretaire du Roy, & son Esleu en Berry, F. Habert donne Salut.

Au departir de Bourges (monseigneur)
Pris le chemin, dont tu fus l'enseigneur.
Ie feis seiour six heures seulement
A Quantilly, en tel contentement,
Que ma pensée vn seul iour de ma vie
De ioye & d'heur ne fut onc tant rauie.
A l'arriuer i'apperceu que tes gents
A mon recueil ne furent negligents:
Car tout soubdain resiouys de ma veue
Feirent que bien la table fut pourueue,
Ce qui pourtant ne me plaisoit le mieux,
Car ie ne fus oncques fort curieux
De grands banquets, dont l'excessiue cure
Aux bons esprits ignorance procure.
Bien est il vray que le Vin de ce creu
Eust donné vie a tout homme recreu,

A iij

Car sans mentir il est plein de delices:
Et m'est aduis que ie ne sors des lices
De Verité, si le Vin qu'as leans
I'ay preferé a celluy d'Orleans.
 Doncques tes gents aises de ma venue
Vn peu auant la nuict interuenue
De tes Iardins me feirent l'ouuerture,
Passants tous ceux d'ancienne escripture:
Mesmes le lieu que les filles d'Atlas,
Par vn Dragon, qui oncques n'en fut las,
Faisoient garder, & n'a mon oeil failly
De preferer ce lieu de Quantilly
Aux beaux Iardins que Pomona la vierge
Sceut cultiuer, ausquelz seule concierge
Elle habitoit, rendant les Dieux confus,
En leur faisant de son amour refus.
Possible n'est que les Fructiers ie nombre
De Quantilly, & que i'arreste vn nombre,
Des arbrisseaux, tant de ceux qui ont fruict,
Que ceux, sur qui le Rossignol fait bruit,
Qui Chesnes sont en grande compagnie,
Qui feront honte a ceux de Caonie,

         Lors

Lors que tes hoirs en semence naiue
Croistront ainsi que les rameaux d'Oliue.
Ce que desia tes trois Nymphes de pris,
(Qui ont le sens meur, sage, & bien apris)
Peuuent monstrer, dont Iaqueline l'vne
Passant en tout la blancheur de la Lune,
De son Guichard plus beau qu'il en puisse estre
A fait en toy ton enfance renaistre.
Les autres deux de naifue doulceur
Iehanne, & Marie, ainsi comme leur Seur
Te produiront plusieurs enfans & filles,
Pour demonstrer qu'elles ne sont steriles:
Et pour donner plaisir a tes vieux ans,
De tout chagrin, & de tristesse exempts.
Et bien souuent qu'a Quantilly seras
Pres des trois Seurs tu te reposeras.
Dont la premiere a la voix argentine
Resonnera plus doulx qu'vne buccine,
Pour te donner plaisir & passetemps.
 Voyant ce lieu, qui feit mes yeux contents,
Il me souuint de ta magnificence,
Que ne mettray iamais en oubliance:

*Et pourautant que ie t'auoys fait veu
De publier l'escript de ton nepueu,
Ie n'ay voulu l'exposer en lumiere
Sans adiouster ceste epistre premiere,
Tant pour monstrer l'honneur que ie doy,
Que pourautant que clairement ie voy
L'vtilité & proffit de cest oeuure,
Ou ton nepueu euidemment descueuure
L'heur des Pays de la Grece, & Citez,
En quoy seront les Lecteurs incitez
De confesser que c'est vne grand chose,
D'vtilité, & grand proffit enclose.
A tant ie pry au supreme Recteur
Que de sa grace il te soit donateur.*

Iaques Gaſſot a Monſeigneur de Quãtilly.

MOnſeigneur ie vous ay eſcrit le quinzieme de Decembre 1547. a mon partement de Veniſe, puis a Cõſtãtiuople en Feubrier, & depuis en May en Nicomedie: ou ie vous faiſoys amplement entendre de mon voyage & deliberation, mais ie n'ay receu aucunes lettres, ne de vous, ne de noſtre maiſon, dont ie ſuis fort eſbahy, ce ſera quand il vous plaira. eſtant a preſent de ſeiour en ceſte ville d'Alep en Surie, & ayant occaſion du porteur qui va a la Court, Ie me ſuis aduiſé de vous eſcrire la preſente, tãt pour vous faire ſçauoir mon temps paſſé depuis vn an, que vous ſupplier humblemẽt me daigner faire ſçauoir de voz nouuelles, qui me ſerõt autant agreables, que choſe qui me ſçauroit aduenir, & ne pourront eſtre auttes venãts de vous, qui eſtes mon ſecond pere, & duquel i'ay receu infiny bien, dont i'en ſeray perpetuelement obligé. Or ie delibere vous faire entendre

Alep ville dé Surie.

B

le plus briefuement qu'il me sera possible, de mon voyage de Venise a Constātinople, iusques en ceste ville d'Alep, vous faisant discours tant des pays, Prouinces, villes, & lieux qu'auons passez, que de ce qui s'est faict en ce Camp depuis sept ou huict moys en ça. Ie partis de Venise le 17. iour de Decembre, enuiron la mynuict, accompagné d'un homme seul, dans vn Brigantin a huict Auirons en la plus grād diligēce qu'il m'estoit possible, & arriuames le matin au port de Caorli, enuiron a cinquante mil de Venise, & y demourames trois iours, pour le vent qui a nostre nauigation estoit cōtraire. de la passames

Le Golfe de Trieste anciēnement appellé Illyricus sinus.

le Golfe de Trieste, anciennement appellé Illyricus sinus. puis Pyrano, & Citta noua. Parése, Ruigno. Caueppiolé, la Tasana, Brioni, Dola, & Santa Maria de Verua, & vinsmes au port san Nicolo di pōte di Core, & passames le Quarnare, qui est vn Golfe qui dure cēt mil pour le moins, appellé anciennement Tanaricus sinus, & le passmes en vn vent qui estoit pour nous, mais si grand & vehement, que i'auoys grand doubte de nostre affaire, & vous asseure que ce fut la plus grand peur que i'eus iamais, toutesfois en vinsmes a bout,

de Venise a Constantinople. 6

bout, & pour cōsolation trouuames trois
Barques de Pyrates, venants du costé de —— Pyrates,
la Pouille, qui no⁹ suyuirēt plus de six mil, sont lar-
mais ilz perdirent temps, & arriuames a rons de
Iara sur le bort de la Mer, qui est cité anciē Mer.
ne, & principalle de Schiauonie, forte, &
y a garnison de Venitiens, de ce lieu vinsmes a Mortare, qui est vn village fort plai- Merueil
sant & fertile, plein d'oliuiers, & vignes, le de la
ou i'ay ouy dire des habitants, que si lon de Mor-
porte du plant des vignes de ce lieu qui tare.
produisent tous vins doulx, en autre endroict ne sera doulx, & (au cōtraire) si les
vignes d'autre lieu, qui produisent vin verd
& fort, sont plantées audict Mortare, elles font le vin doulx, qui est chose merueil
leuse.
Le lendemain vinsmes a Sibenica belle
ville a voir, & ne fismes que passer, & arriuames a Lezina, qui est isle fort belle,
ayant de tour enuiron cent mil, appellée
par Ptolomée Phana. de la a Cursola, Isle
de Dalmacie, appellée anciennemēt Cur
cura Melana, duquel lieu estās partis, sus-
mes contraincts y retourner par la grand
fortune du vent de Siroc, & fusmes deux
iours, & deux nuicts en grād danger, a la Ragou-
fin arriuames a Ragouse appellée Epidau se, ancié-

B ii

Le discours du voyage

nement appellée Epidaurus.

rus par les Anciens, en Dalmacie, & est ville riche, assise sur le bort de la Mer, ou y a vn petit port faict a main, elle est gouuernée en republiq̄, & est tributaire au grand Seignr̄ de douze mil ducats tous les ans, ie demouray en ceste ville deux iours, pour ne pouuoir trouuer cheual, a la fin ie partis, & pris vn droguement, & vn homme auecques moy, & cõtinuãt mõ voyage en bonne diligence, ie vins coucher a Trebing, le lendemain a Rudine, & a Ceruice, & cheminames aux montagnes de Bulgarie par le plus malheureux chemin que ie fis onc, puis vinsmes a Cochia au pays de la Seruia, qui est vn grand village fort marchãt & riche, & passames par des boys fort dãgereux des larrons, ou y a cõtinuellement gẽts du village, qui sont exempts de toutes tailles, & sont tenus faire la garde tout le iour, & vont par le boys cherchãts, sil n'y a point de larrõs, & souuẽt vn petit tabourin, qui denote aux passants, qu'il y faict bon, & ny a aucun danger, de la vinsmes a Vuats. & passames vn Monastere de santa Saua, ou y a plusieurs Religieux qui viuent a la Grecque, & mõstrent le corps de santa Saua aux passants, qui est encor entier & beau, & les Turqs mesmes

esmes l'ont en grád reuerence, & y font
[pl]usieurs aulmosnes. apres vinsmes a No-
[uo]basar vng grand village riche & mar-
[ch]and, ou ie changeay de cheuaux.
[L]e lendemain ie passay la mótagne d'Ar- | Mótagne
[g]ent appellée mons Rodopes par les an- | de laquel
[c]iens qui est fort fascheuse. de ceste mon- | le on tiré
[ta]gne on tire ordinairement de l'Argét en | l'argent.
[g]rand quantité, qui rend vn grand reuenu
[a]u grand Seigneur. Plus auant ie vy la vil
[l]e de Nisa anciennemét bōne ville main-
[t]enant grand village, & aupres passames
[l]a riuiere Morana, qui est fort large & roy
[a]le. Les femmes de ce pays iusques a ce q̄l- | Coustu-
[l]es soiēt mariees, portēt les cheueux coup- | me estrā-
[p]ez iusques aux aureilles, & estants ma- | ge des fē-
[r]iees, les portent longs, & espādus sur les | mes du
[e]spaules, ou bien les nouent a la Schiauo- | pays de
nesque, auecq vn chapeau sur la teste, qui | Nisa.
semble vn grand tranchoir, ou elles ont
pēdues petites patenostres de verre, d'Am
bre, de perles, d'argét, & d'or percé, & ont
de coustume par toute la Bulgarie, quand
meurent leurs maris, freres, peres, & enfants, de s'arracher les cheueux, & auec les
vngles s'esgratigner tout le visage, tant
qu'il en sorte le sang, & telle demonstratiō
de douleur se faict ordinairement par vne

B iii

coustume, encores que quelque foys elles ne soiét guieres faschées. deux iours apres ie vins a Sophia qui est en vne belle plaine ainsi nommée du nom de l'Eglise de santa Sophia, maitenāt est vne eglise de Turqs. De Sophie nous passames deux foys la riuiere Isca, & tout le iour cheuauchames p toute la plaine, sans trouuer aucun arbre, & vismes a Vieterno, puis a Celopincy, a Bazaric, & a Cōgnussa, q̄ sont grāds villages, & puis a Philippopuli, en Macedoine anciéne cité, edifiée p Philippes de Marcedoine pere d'Alexandre le Grand, les murailles anciennes sont quasi entieres, elle est située partie sur vne petite montagne, partie en la plaine, & y passe le fleuue Hebrus, lequel aupres de Gallipoli entre en la Mer Egée. Nous la passames sur vn pont de boys, fort large, qui ha plus de trēte arches de circuit. de la ville est enuiron sept mil. lon voit par la plaine infinis petits monceaux de terre, faicts en façon de montagnes, lon racompte que iadis en ceste Campaigne auoient combatu Cesar & Pompée. Les autres dient que c'estoient Octauian, & Marc Antoine cōtre Brutus, & Cassius, & qu'en la bataille mourut grand nombre de gents, lesquelz furent

Philippopuli cité edifiée p Philippes Macedō, pere d'Alexandre le grand.

furent apres tous mys dans des foffes, &
couuerts de ces moulons de terre fort
haults.

Le iour enfuyuant paffames a Chiude-
gegnibuftramẽ qui vault a dire village de
Turqs nouueaux, & arriuafmes a Andri-
nopoli ou paffames la riuiere Mariffa, fur
vn pont appellé le pont de Muftrapha qui
ha vingt arches, & eft tout de marbre, &
au milieu vne grand pierre dorée, ou font
engrauées letres Turquefques qui figni-
fient le temps, le maiftre, & celluy qui
l'a fait faire, & auffi la defpenfe qui y
a efté faicte. Andrinople eftoit ancien- Andrino-
nement appellée Adrinopolis de laquel- ple ville
le les murailles demonftrent qu'elle a efté fertile.
fort grande, maintenãt ha enuiron quin-
ze mil de tour. Le grãd feigneur commu-
nement y va hyuerner tous les ans, dedãs
la ville y a plufieurs Eglifes de Grecz an-
ciẽnes belles maifons, boutiques, iardins,
& artifans de toutes fortes, comme a Cõ-
ftantinople, lon y accouftre les cordons &
peaux de toutes couleurs pl⁹ perfaicteméc
qu'en autre endroict de la Turquie. Les
Grecz (qui anciennemẽt auoient quelque
auctorité ou feigneurie) eftants maintenant defnuez & priuez de tout pouuoir fe

font en partie retirez en ceste ville, ou se repaissent de la memoire ancienne seulemēt, d'Andrinople nous arriuasmes a Sugutli cassas tout plein de Turcs ou passasmes vne riuiere du nom du village. Le lendemain a Bergas ancien chasteau, puis a Chiorlich, ou passe le fleuue Chiorlich large & beau, de la a Chiumbergasti village de Grecz, & passames Siliurea Cité ancienne, assise sur la marine, nommée par Xenophon Silēbria, laquelle maintient auiourdhuy plus d'antiquité que aucun lieu de Thrace, de ceste ville vismes a Chachiugcheg grād pont, aupres duquel y a les vestiges de chasteaux anciens. Finablement arriuasmes a Constantinople le 23. de Iāuier, ou ie me trouuay fort las, tant pour la longueur du voyage, que pour la grand froidure que i'auoys enduré au moyē des grāds neiges, car il auoit neigé treze iours entiers, & autant de nuicts sans cesser, en sorte que les chemins (principalement sur les montagnes) estoient dangereux, tant pour estre estroicts & fascheux, que pour l'abondance des neiges, en grand danger de se precipiter de la sommité des montagnes. Estant arriué ie m'en allay incontinent a la maison de Mōseigneur d'Aramō

Siliurea cité anciēne en la Grece.

fus

de Venise a Constantinople.

Ambassadeur du Roy en ce lieu, duql fus fort bien receu, & apres auoir traicté auec luy les choses de plus d'importance, & donné le paquet du Roy, me retiray en vne chambre pour reffrechir, & suis demouré audict Constantinople depuis le 23. Ianuier iusqs au secõd iour de May, en expectation d'auoir dudict Seigneur quelq depesche au Roy pour aller a Court, côme i'en auoys de luy bône pmesse: toutefoys l'occasion ne s'y est offerte, & a tant faict qu'il ma mené auec luy au voyage de Perse, a la suyte du camp du grand Seigneur. Or ayant faict seiour en ladicte ville de Constantinople, de si long téps ie me suys fort estudié & enquis de toutes choses singulieres, notables, & qui me sembloient dignes de memoire en icelle, que ie vous enuoys le plus brefuemét qu'il m'est possible.   Et premierement,
Constãtinople est ville située en Thrace, anciennemét appellée Bisantium, & puis Roma noua, Constantinople du nom de Cõstantin Empereur, elle ha dixhuict mil de tour, & côtient sept petites mõtagnes, comme Romme, & est enuirõnée de pauure muraille, & est biẽ pleine de maisons, faictes a la Turqsque, c'est a dire de boys,

Enarratiõ de la siete de Cõstantinople.

C

Le discours du voyage

terre, & de brique mal cuite, & peu bastiés de pierre, des bastimens les plus apparēts & renommez est en premier lieu le Palais du grand Seigneur qu'ilz appellent le Serrail, & contient enuiron de trois a quatre mil de circuit, il est merueilleusemēt beau, & y ont esté portées grosses pierres de marbre de toutes couleurs, Porphyres, Colomnes, & autres choses singulieres tant de ladicte ville de Cōstantinople, que de toute la Grece, & de l'Asie, pour le bastir, lon n'entre point dedans les chābres, ny au reste du bastiment, sinon a la grand Court, & quelques salles basses ou lō dōne audience trois fois la sepmaine: mais de ce lieu lon peult exterieurement congnoistre que c'est vn magnifique edifice. apres y a le Serrail des fēmes du grād Seigneur, le Serrail des Genissaires, le Palais du Patriarchat, le Palais de Cōstantin Empereur, qui est en ptie tout ruiné, aussi l'eglise de saincte Sophie, qui est chose belle & diuine: laquelle a esté par Iustinian Empereur edifieé, & y a Coulomnes de marbre tres antiques, excellētes & merueilleuses, tāt pour la qualité de la pierre, q̄ pour la grādeur, & grosseur dicelles, d'vne partie de cest edifice le grand Seigneur a fait

des

Le Serrail, palais du grād Seigneur.

L'eglise saincte Sophie, edifieé p l'Empereur Iustinian.

des estables pour ses Escuries, & de l'E- — Egli-
glise en ont fait vne Mosquée de Turqs, se des
les voultes & cuues sont toutes faictes a Turqs,
Mosaiqs, a l'ētour de l'Eglise y a eschelles nommée
en plusieurs lieux p ou lon va en vn cour- Mosquée
ritoire ou galerie large de pl⁹ de seze brasses : & en ce lieu souloient mōter anciennement les femmes pour ouyr le seruice
diuin, & les hommes estoient dedans l'e-
glise.en sorte que les hommes ne voyoiēt
les femmes, ne les femmes les hommes,
q estoit mauuaise recepte pour ceux q vou
loient faire l'amour. il y a aups la Mosquée
de Soltā Mehemet, ou y a vn hospital cō-
ioinct, ou logēt toutes personnes de quel
que condition, loy, foy, natiō qu'ilz soiēt
& on leur donne par trois iours miel, riz,
chair, pain & eau, & chambre pour dormir, y a aussi de beaux baings & fontaines
fort plaisantes, lon voit plusieurs autres
Mosquées comme de Soltan, Selin, Soltan
baiazet, & autres grands seigneurs, q sont
merueilleusement belles, magnifiques, &
sumptueuses, ce qui demonstre que si les La manie
Turqs vouloient bien bastir des Palais & re de ba-
maisōs de pierres, ilz le sçauroiēt biē faire, stiments
mais ilz ont pour mal d'habiter en maisōs en Tur-
de pierre, & pourtant n'en vsent aucune- quie.

C ij

Le discours du voyage

ment qu'en eglises, toutes leurs maisons sõt fort basses faictes de terre, ou de boys: & ce generalement par toute la Turquie, lõ voit en Constãtinople l'Hyppodrome ou anciennement faisoient courir les cheuaux, auec la forme du Theatre & arenes: au milieu dudict Hyppodrome y a vne grand eguille, qui est vne Colomne faicte en façon d'eguille fort belle, & bien elabourée, & sans chaulx, faicte des pierres vifues mises ensemble, de sorte qu'elle est eleuée plus de cinquante brasses en amenuisãt tousiours en forme deguille, ou de Pyramide, & est appuyée sur quatre bales de marbre. Dauantage lon voit vne coulonne de Bronse en forme de serpent auec trois testes, il y auoit n'a pas long temps vn Hercules de bronse qui auoit esté porté de Vngrie, mais ilz ont osté de ce lieu. Au milieu puis y a vne grande machine comme vn Colosse de diuers marbres & beaulx, en laquelle est entaillée & engrauée l'hystoire des susdictes choses & autres qui iadis souloient estre en theatre, & Hyppodrome. Ion voit p la ville plusieurs vestiges d'antiquitez, comme d'Aqueductes, d'Arches, Colomnes de Marbre, & Porphyre, fontaines menées du Danube,
&

Hyppo-drome, Carriere antique ou couroiẽt les cheuaux.

& autres fleuues circunuoysins, plusieurs jardins aux maisons des grãds seigneurs, apparences, & vestiges d'Eglises anciennes des Grecz, baings en grand quantité, & autres lieux plaisãts, fructueux, & delectables. la ville est habitée pricipalemẽt de Turcs, (car le Seigneur y constitué son siege imperial, & ordinairement y fait sa residence) puis de Iuifs infinis, c'est a sçauoir Marranes chassez d'Espaigne, qui ont enseigné & enseignent tous les iours aux Turcs tout artifice de main, & la plus part des boutiques sont des Iuifz. Aussi y a plusieurs Chrestiens Marchans qui traffiquẽt par tout le Leuãt. C'est a sçauoir Venitiẽs, Ragousoys, Florentins, Sciots, & peu de Françoys, & plusieurs autres, lesquelz habitent tous ensemble, les Ambassadeurs en vne petite ville loing de Constantinoble, enuiron deux traicts d'arbalestre. & lõ va de l'vne a l'autre par petites barquetes qui passent l'aue en grand quantité, il y a entredeux le grand Canal de la Mer maieur, qui est le port de Constantinople, le plus grand, plus seur, plus beau qui soit en tout le monde, ou arriuent toutes Naufs, Galeres, & autres vaisseaux qui viennent tãt de la Mer maieur que celle de Ponãt.

Le port de Constantinople, merueilleux en grandeur.

C iij

cefte petite ville s'appelle Pera, qui veult autāt a dire que de l'eau. ou y a fur le bort de la Mer vn certain lieu cōtenāt nonāte & deux voultes grands ou sont toutes les Galeres & Fustes, & autres vaisseaulx a couuert, & l'apellēt Arsenal. il y a grād nōbre de personnes qui y labourent tous les iours, a faire Galeres, & vaisseaux nouueaux, r'habiller les vieux, faire cordages, & autres equipages de Galere. Vn peu pl⁹ bas y a les Canons, & Artilleries en tref-grād nōbre, & y en a de Frāçoyses, Venitiēnes, Geneuoyses, Hespagnolles, Cicilianes, d'Vngrie, d'Allemaigne, & tous les lieux du mōde: lesquelles ilz ont recouurées, ou par la prise des villes & pays qu'ilz ont subiuguez ou sur Mer des Galeres, Fustes, Naufs, & vaisseaux que iournelement ilz prennent.

A Conftantinople se vēdont les Chreftiens.

D'auantage y a a Constantinople le lieu qu'ilz appellent Bezestan, qui est comme vn temple grand & rond, auec quatre portes en croix, & tout alentour boutiques de draps d'Or, de Soye, Argēt & Or en euure, Toiles, Camelots: & generalemēt toutes choses de pris se portent la a vendre comme a Lancan, aussi les Schiaues, Chreftiēs vieux & ieunes tant masles que femelles, voire

de Venise a Constantinople. 12

oire les petits enfants de trois ans, & de
moins se védent tous les iours en ce lieu,
& sont menez par la main par certtaines
personnes qui font ce mestier cõme cour-
tieres. tout au tour dudict Bezestan, &
tient le pris a combien il est, & le vendẽt
i plus offrant, si cest fille ou femme, ilz
y mettent vn voile sur la teste, qui luy
couure le visage, & a tous ceulx q̃ la mar-
chandent, la descouurẽt en vn coing & là
iy regardẽt les dents, les mains, s'enquie-
ẽt de son aage, si elle est vierge, & autres
choses semblables comme vn cheual, au
grand vitupere, & mespris de la Chestiẽ-
é. ledict Bezestã est tousiours ouuert, sauf
le vendredy. Il y a aussi plusieurs lieux, ou
lon monstre beaucoup de bestes sauuages
q̃ fait garder le grãd Seignũr, cõme Lyõs,
Lyonnes, Loups ceruiers, Loups sauuages, Liepards, Ours, Asnes sauuages, Au-
struches en quantité, aussi vne certaine be
ste, que les vns appellent Porc marin, les
autres Beufmarin, mais ie ne voy point
quil ressemble ny a l'vn ny a l'autre, & en
verité c'est la plus villaine & laide beste q̃
ie vids oncq̃s, lõ dict qu'elle a esté appor-
tée du Nil. en vn autre endroict y a deux
Elephãts grãds merueilleusement, & dict

Le discours du voyage

on q̃ le vieux a cent ans, l'autre est vn peu plus petit. Ilz sont gouuernez par certains Turqs & Maures, qui en ont le soig, & les laissent voir en leur donnant quelque argent pour le vin, ilz leur font faire plusieurs choses gentilles auec la lõgueur de leur nez, qui ressemble vne grãd trõpete, (les Latĩs l'appellẽt Proposcides) dequoy ilz se seruẽt en lieu de mains, car auec cela prennent l'eau pour boire, le foing, l'auoyne, & autres choses quilz mãgent, & le gettẽt dãs leur gueule, ou les maschẽt, & puis les auallent. Ilz les font coucher, plier, & leuer fort facilemẽt, getter d'eau, des pierres, bastõs, & autres choses a ceur qui les regardent. auec ladicte trompe aussi escriment d'vn baston contre leur gouuerneur, & autres choses plaisantes, & ay

l'Elephãt le plº docile animal du monde.

veu par experience ce que dict Pline, que l'Elephãt est le plus docile animal du mõde, mais n'est pas vray ce que tousiours auoys ouy dire, qu'il na point de ioinctures, & ne se peult coucher, car ie voy tous les iours le cõtraire de pardeça d'vn petit Elephant que nous auõs en ce camp, qui est venu des Indes, lequel monseigneur l'Ambassadeur a recouuré, & deliberé biẽ tost de l'enuoyer en France presenter au Roy,

de Venife a Conftatinople. 13

Roy, il n'a que quatre ou cinq ans, & eft
ja fort grād, & fait chofes merueilleufes,
& tout ce que luy commāde son gouuerneur, en venant de Tauris ie montay deffus, derriere le Maure, qui le gouuerne,
mais il va vn grād train, & plus doulx que
haquenée du monde : toutesfois ie ne demouray pas longuement deffus, pource
qu'il eft fi large, qu'il me faifoit mal entre
l'ouuerture des iābes. Lon voit encor plufieurs autres animaux portez d'Egipte, &
d'autres lieux, defquelz ie ne fcay le nom
qu'en Turquefque. de Chameaux & Beu-
fles ie ne vo°en efcry, pource qu'ilz font cō
muns par tout le Leuāt, & croy certaine-
ment qu'en ce camp y auoit plus de fix ou
fept cens mille Chameaux, tāt pour por-
ter les monitions d'armes & viures, que
autres chofes du grād Seigneur, Capitaines, Gouuerneurs, & autres particuliers.
feulement ie vous diray du Chameau que La natu-
quand on le veult charger, il fe met a ge- re & pa-
noux, & f'accommode de telle forte, que fture du
lō le charge beaucoup plus aifemēt qu'vn chameau
Mulet, ou Cheual, & porte ordinairemēt
quatre ou cīq quintaux. il ha entre autres
vne proprieté qu'il fe paffera trois ou quatre iours fans boire, & endure grandemēt
D

la faim. le soir quãd ilz sont arriuez au logis & deschargez, on les laisse aller par les champs, & pasturent, mangent chardõs, mauuaises herbes, les boys, vignes, tous arbres, & feuilles generalement, & quelq̃ foys qu'ilz ne trouuent que manger, ou qu'ilz sont fort las, on leur donne quelque peu d'Orge, ou de certaîs morceaux faicts de paste, l'hyuer ilz mangent de la paille, & quasi toute la nuict ruminent, & aussi le iour, quand ilz ont mangé, toutes marchandises qui se portent par tout le Leuãt, par les Indes, la Surie, la Medie, Perse, & toute l'Asie, se portent par Chameaux, & vont en grand compaignie. ilz viuent ordinairement quarante ans & plus. Ce sont les choses les plus dignes de memoire que i'ay trouué en Cõstãtinople. Quãd au particulier des Turqs, de leur maniere de viure, leurs loix, & manieres de pceder en iustice, de leur foy, religion, & oraison qu'ilz font, de leurs baings, & cõme ilz en vsẽt, leurs habits, leurs estats, & offices, & gouuernemẽt d'vn si grãd pays qu'ilz tiénent tant en paix, que temps de guerre, de leurs Capitaines, & Souldars, leurs iustices, & griefues condemnations a mort, comme ilz gouuernent les Cheuaux, maniere

Les Chameaux viuẽt quarante ans ou plus.

niere de bastir leurs maisons. les impositions & tailles par tout leur pays, comme ilz traictēt leurs Schiaues, & plusieurs autres particularitez, qui sont totalement, & directement contraires a noz actions. ie ne vous en escry maintenant, tant pour estre la chose fort longue, que pour auoir esté traictée, & escripte de plusieurs: toutefoys qu'il y en a qui en ont escript assez legerement, & par ouy dire, pour le temps que ie suys pardeça ie vous promects que i'ay diligemment consyderé & obserué leurs actions, & redigé par escript ce qui ma semblé digne d'estre noté.
Or poursuyuant mon intention, ie vous aduise que ayant deliberé le grand Seigneur, de faire l'entreprise de la Perse côtre le Sophy, Roy d'icelle, le plus puissant de tout le Leuant, il fit asçauoir a tous ses Capitaines, & gouuerneurs de Prouinces (quilz appellēt Beg'ierbei & Sangiacchi) pour se trouuer prests, selon son mandement, & en ordre pour aller a la volte du Leuant a sadicte entreprinse, & se trouuer en certain lieu, & deputé pour illec faire la reueue de tout son Camp. Maintenant il ne me semble hors de propos que auant que ie vous escriue de ce voyage, ie vous

D ii

face entédre de ce que i'ay peu sçauoir de la cause & emotion de ceste guerre. Celluy qui est a present Roy de la Perse, Medie, Assyrie, Parthie, quelque partie des Indes, & autres Pays, est nommé Schiactamas, autremét Sophy, lequel ha vn sien frere nommé le Caz, homme riche, & bié voulu de tous les peuples (qu'il auoit constitué son Belierbei, c'est a dire son Capitaine general,) qui auoit vne tresbelle féme, de laquelle fut merueilleusemét amoureux le Roy son frere, & pour en iouyr a son plaisir, feit tát qu'il persuada a son frere de la delaisser & repudier, ce qu'il feit a la fin, puis le Roy la prit. quoy voyant le Caz, & estant grandement indigné & fasché du mauuais tour que luy auoit fait le Roy, entra en parolles auecqs luy, & entre autres luy dist qu'il n'en demoureroit impuni, ce qui causa quelque souspeçon audict Roy, & pour s'en asseurer, de la a quelque temps enuoya ledict Caz son frere, comme chef de son armée a dómager les terres des Circasses, & apres qu'il fut party, luy osta le Royaulme de Siruan, lequel luy auoit assigné pour son viure. Or estant ledict Caz en la Circasse, fut aduerti de telles choses, & demoura la quelque temps,

Schiactamas ou Sophy Roy de Perse, & autres pays.

temps, pour voir si le Roy luy donneroit, & assigneroit quelque autre pays au lieu de celluy qu'il luy auoit osté. Mais il fut faict certain par aucuns siens amys que le Roy auoit cōspiré contre luy, & mys quatre mille hommes a cheual pour le rencōtrer, & faire mourir. ce que ayant entendu le Caz prit autre cōseil, & passa la Circasse, & s'embarqua auec aucuns siens amys, sur la Mer maieur, & s'en vint a Constantinople. Le grād Seigneur luy enuoya plusieurs Galeres au deuant, & le receut merueilleusemēt en grand hōneur, & le Caz (apres luy auoir baisé la main) luy recita la cause de sa venue, ensemble l'iniquité de son frere, & le supplye qu'il luy donne ayde, & quil est recouru a la sauuegarde de luy, comme du plus iuste Prince du monde, & autres choses semblables. Le grand Seigneur luy fit plusieurs presens & luy donna maison & assigna vne grosse pension. Ce pēdant le Caz l'incitoit iournellement a mouuoir guerre cōtre son frere, & le solicitoit grādement, luy remonstrāt qu'il auoit esté general de sō frere, & qu'il entendoit toutes ses affaires, & estoit fort bien voulu par tous ses pays, & auoit promesses des premiers de la Court de son
D iij

dict frere, que si la guerre se mouuoit, & se faisoit iournée, ilz liureroiēt le Roy entre ses mains. Apres auoir consulté ceste matiere, le grand Seigneur fut tresioyeux d'auoir trouué semblable occasiō pour faire la guerre, pour la grand ambitiō de regner, & acquerir pays nouueaux, qu'ont ordinairement tous Princes, & oultre la grand puissance, & inuincible armée qu'il ha il se tenoit merueilleusemēt asseuré, & fort de la personne du Caz, qui estoit entendu en toutes les affaires de son frere, & estoit fort estimé: & pourtant ayant faict p̄paratifs de toute chose necessaire a vn semblable voyage, & ayant mādé tous ses Capitaines (cōe i'ay dict cy dessus) il partit de Constantinople le 27. de Mars 1548. Or il fut commādé par le Roy a Mōseigneur d'Aramon, son Ambassadeur en Leuant, vers ledict grād Seigneur, de le suyure en son entreprise, & pour ce faire s'equippa meruueilleusement bien tant de prouisiōs pour le Camp, que de cōpaignie de Gentilzhommes, & personnes bien en ordre. ie ne vous escriray dudict equipage, pour n'estre trop long, seulement ie diray que nous auions dix beaux Pauillons, quarāte Chameaux, dixhuict Mulets, & douze

ou

ou treze Cheuaux de somme, tát chargez de prouisions pour le Champ, que pour autres besongnes dudict Seigneur Ambassadeur, que de tous ceulx de sa cõpagnie, & estions en tout, enuiron soixante sept ou soixante huict personnes, tous biẽ a Cheual, bien en ordre, & tous biẽ armez de Simitarres a la Turquesque, & les vns d'Arquebouze, les autres de Lãces Turquesques. Ie pense que de nostre temps iamais Ambassadeur ne chemina en tel ordre, equipage, & reputation. Nous partismes de Constantinople le 2. de May, qui estoit enuiron trente cinq iours apres le grand Seigneur: mais il n'estoit pas fort loing, car il seiournoit a neuf ou dix iournées de Constantinople pour dõner l'herbe aux Cheuaux, & puis faisoit petites iournées.

Le 2. iour de May doncques partismes de Constantinople, & passames le Canal, & entrames en l'Asie mineur, auiourdhuy appellée Natolia, & logeames a Scutari, ou furent tendus noz pauillons en vn fort beau lieu, pres le Port, ou fut anciénemẽt Calcedonia, duquel lieu se descouuroit fort bien tout le Serrail du grãd Seigneur, & toute la ville de Constantinople, aussi

l'Asie mineur appellée auiourdhuy Natolia.

Le discours du voyage

le Canal qui tire vers Ponant, ou sont les chasteaux auiourdhuy anciennement appellez Lesbos & Abydos. Vers Leuant nous voyons fort bien le Canal, qui vient de la Mer maieur, & en ce lieu s'engolfe la Mer enuiron sept mil, & fait vn Port merueilleux, & tres profond, de sorte que toutes grosses Naufs chargées, vont auec la Proue en terre, ce qui rend l'assiete de Constantinople la plus belle qui soit au monde. nous demourames audict Scutari quatre iours. Le sixime de May partismes, & cheminasmes du lõg du Canal desdicts chasteaux, & passames le lieu, ou anciennement estoit Calcidonia, & logeames en vn Coustau appellé en Turquesque Maltepe, qui veult dire riche mõtaigne, ce lieu est au commencement du Golfe de Nicomedie. Le lendemain suyuimes tousiours le Golfe, & arriuames en vn lieu appellé Diachidissa, & a quatre mil pres est Libisa ou Annibal s'empoysonna, & dict on que son Sepulchre y estoit, mais les Turqs ruynẽt, & gastent toutes choses. Il ny a apparence que d'vn fossé antique, aussi de plusieurs grosses pierres, & Coulomnes ruinées escriptes en Grec. de la vinsmes à Nicomedie cité tres ancienne & royalle de Bitinie

Abydos ou la pucelle Hero fut amoureuse de Leãder.

Libissa sepulture d'Annibal.

Bitinie, laquelle est toute ruinée, & estoit fort grande, assise sur vne montagne tres haulte, & s'estendoit iusques sur le bort de la Marine, la finist le Golfe de Nicomedie. Nous seiournames en ce lieu deux iours, puis arriuames a Sabangich sur le bort du lac du mesme nom. le lendemain passames vn beau pont de pierre, faict par Soltan Mehemet, celluy qui prit Constátinople, ou passe le fleuue Sangari, qui separe de ce costé de Leuant la Bitinie, & la Galtatie. ce fleuue vient de la montagne qu'ilz appellent Soltan ouindé, & tombe en la Mer maieur, nous logeames en vn lieu appellé Gené, puis vinsmes en vne petite ville ruinée nommée Taracli. de la a Gohenuch, assis sur vne montagne fort haulte, ou lon voit encores de vieilles murailles, que lō dict estre la ruine d'vn beau chasteau, en apres a Dibecli & a Boly, anciennemét appellée Abonomenia. ce lieu monstre auoir esté quelque belle ville, & grande, il y a plusieurs antiquitez de Colomnes & Sepulchres escripts en Grec. pres de ceste ville enuiron deux mil, y a de fort beaux Baīgs naturelz alumineux, ou nous fusmes tous bagnez auecques Monseigneur l'Ambassadeur, car ilz sont

E

Le discours du voyage

fort sains. pres desdicts Baings y a vne Fó-
taine fresche & bonne qui vient de la mesme montagne d'ou viét la chaulde, qui est
chose merueilleuse, nous y seiournasmes
deux iours, puis vismes a Giagaiol pres du
lac appellé Garagiola, q veult dire lac noir
& passames Ierarda cité ancienne, & logeames en vn Casal dict Camarali, pres
duquel passent trois petites riuieres qui
vont a la Mer maieur. de la a Busoli ou y a
vne riuiere, laquelle on dict l'hyuer croi-
stre de sorte qu'elle inunde tout le pays, ilz
l'appellent Cirches. de ce lieu vinsmes a
Caraguira, puis a Cogiasar, qui est en Pa-
phlagonie, & ayant passé de meschants &
fascheux chemins, arriuames en vn meilleur pays, & logeames a Totia, que ie pé-
se auoir esté anciennemét appellée Theo-
dosia, elle est en fort belle situation, nous
y reposames vn iour, le lendemain logeames en vne belle plaine en vn Casal appellé Cacombazar, & passames vn fleuue
dict Chesilirmach, q veult dire fleuue rouge : ce fleuue passe par la Cappadoce par
les deux Cilicé & par la Lydie, & entre en
la Mer Egée au Golfe de Setelie. puis entrames en la Cappadoce, & vinsmes a Ot-
tomagich, qui est vn chasteau faict p Ot-
toman,

roman, celluy qui a donné nom a la maison Ottomane, qui fut premier Seigneur des Turqs, & l'appella de son nom. ce fut la son commencemét, & faisoit reste a vn chascun, & la se reparoit, & a si bié besongné, aussi ses successeurs, que sa maison est augmétée, & a prosperé comme il se voit auiourhuy, auec la grand ruine & vitupere des Chrestiés. ce chasteau est en vn Rocher inaccessible, & iexpugnable, & ha enuiró deux mil de tour, du costé du midy le fleuue Chesilirmach luy passe au pied, & de costé y a vn fort beau pont de pierre de 6. voultes, & les murailles du Chasteau viénét quasi a se côioindre auec le pôt, il y a ordinairement grád garde. le premier de Iuillet arriuames a Cagiôde, qui veult dire village de Peregrin. le iour d'aps rencôtranes par le chemin vn Faulcônier du grád Seigneur, qui nous dist q̃ le Sophy estoit sur les confins de ces pays, & qu'il auoit pris vn nommé Chara Chiaouz, † qui auoit esté enuoyé pres lesdicts confins a faire prouision de victuailles: & que pour ce a le grád Seigneur se hastoit fort a cheminer, & le chemi qu'il souloit faire en deux iours, le faisoit en vn. pourtant ledict Seigneur Ambassadeur s'aduisa de laisser ce

Ottomā, premier Seigneur des turqs, dont a esté nommée la maison Ottomane.

† Les Chiaouz sont persones qui ont le pl9 honnorable degré & dignité qui soit en toute

E ij

la Court, du grand Seigneur, & sôt environ deux cés. de ce degré montét a estre gouverneurs des Provinces, & Capitaines, & sont obeys par tout le pays du Seigneur en tout ce qu'ilz disent de bouche, sans aucunes letres du grand Seigneur, on les envoye pour les affaires d'importâce, comme Commissaires

grād chemin, & prēdre a main gauche par vne voye plus courte pour tost ioindre le Cāp & laissames a main droicte trois belles villes, comme Amasia, pays de Strabō, Tocato, & Sonas, dicte anciēnement Sebasta, & tirames droict au Leuāt vers Esdron, ou alloit le grād Seigneur. & logeames pres d'vn beau Casal & grand, appellé Merzuchā, qui est assis en vne tres belle Plaine, ou y a plusieurs villages de Chrestiens, & est vn lieu gras, fertile & plaisant plus que lieu qu'ayons rencontré en tout le voyage. le lēdemain arriuames a vn autre, lequel a cestuicy ne cede point de fertilité, & ha de plus qu'il est assis en vne fort belle vallée, enuironnée de plaisantes & riches montagnes, son nom est Hiladich, & apres vn lac de son nom. puis vinsmes a Sepetli & passames par vn lieu ou passent deux fleuues qui la se conioignent ensemble, l'vng vient d'Amasie, & s'apelle Iris, & diuise la Cappodoce de l'Armenie maieur, & le passames sur vn pont de boys. l'autre s'appelle Coielazar, & logeames en vn village d'Armenes, Aieti. de la vinsmes a Nisar anciennemēt appellée Neocesarea, ville merueilleusement grande & antique, mais elle est toute te ruinée, & de telle sorte que les murailles sont toutes abbatues aux fondements. le Chasteau est assis sur vne montagne fort haulte, & n'est pas du tout ruiné, ou y a vn Sepulchre d'vn Roy de Perse, & y passe le fleuue anciennemēt appellé † Lycus, & par les Turqs Chelehit, il diuise la Cappadoce & l'Armenie maieur, & encores l'Armenie maieur de la mineur Isle meslé auec le fleuue Iris qui vient d'Amasie, & la perd son nom. En apres vinsmes en Assarguich, a Bassi, puis passames par vn Chasteau inaccessible nommé Comasar, qui anciennement estoit des Roys de Perse, a deux mil pres de ce chasteau passams le fleuue Lycus, & entrames en l'Armenie maieur, & logeames sur le bort de la riuiere. de la vismes en vne vallée, puis en vn village d'Armeniés dict Asbedier, qui est de trois mil feux, & ha trente Casalz soubs luy, puis dãs vn boys dict Giobanambra a Ardingicli, a Giadarcli, & a Arsingan, duquel lieu le grand Seigneur s'estoit party enuirō quatre ou cinq iours deuant. Arsingan estoit anciennemēt bōne ville & grande, comme il appert par la ruine du Chasteau & murailles : mais depuis cinquante ou soixāte ans en ça est

† Le fleuue Licus dōt parle Pline, disant que ceulx qui beuuēt de l'eau dudict fleuue deuiénēt loups.

E iij

tout ruiné par vn tremblement de terre: & pourautant ont basty plus bas, & est grand village fort peuplé & riche, a deux mil pres y passe le fleuue Eufrates. Nous seiournasmes en ce lieu quatre iours, tant pour nous refrechir q̄ pour nous fournir de viures, & fusmes en l'eglise des Armeniens, ou mōseigneur l'Ambassadeur feit dire messe par son prestre, dont furēt fort aises ces pauures Armeniens, qui iamais n'auoient veu autres Chrestiens que ceux de leur village. leur Patriarche fut ordinairement auecques nous. partants de ce lieu vinsmes a Butaric & a Gibligi, & passames vn grād village, dict Cotur, ou y a vn pont qui passe l'Eufrates, lequel passames, & vinsmes a Chiobane, a Portari, & aux Baings naturelz d'Esdron a huict mil pres, auquel lieu estoit campé le grand Seigneur, & le Camp en vne belle Plaine, & mōtasmes sur vn Coustau pour voir ledict Cāp, & le faisoit fort bon voir. le iour ensuyuāt logeames en la Campaigne d'Esdron, 3. mille pres de la ville, ou voyons a main senestre les haultes montaignes des Georgiēs. & le lendemain passames par la ville (qui est assez grande) située en vne grand Plaine fort descouuerte.

de Venise a Constantinople. 20

te. elle ha de beaux fossez, & double muraille, il y a dedās vn superbe & magnifique Palais basty de marbres & Porphires, qui estoit anciénement vne Eglise Chrestiēne edifiée par vne fille d'vn Empereur de Constantinople : sur le portail y a encores l'Aigle tout entier, il y a tout Autour de la ville plusieurs Monuments a la Romaine, & a la Grecque, fort magnifiques, les vns l'appellent Esdron, les autres Argiron, i'ay ouy que anciennement elle s'appelloit Anagyris, & puis fut nommée Theodosiopolis, il y a vn Chasteau qui est assez beau. Le grand Seigneur feit la reueue de son exercite, & assembla tous ses gents, qui auparauant estoient venus en confusion, & sans ordonnance. nous arriuames ce iour la enuiron midy au Cāp, qui fut le 28. Iuillet, ou mōseigneur l'Ambassadeur auec toute sa cōpagnie fut voir le premier Bassa.† & fut tresbiē receu, depuis ce iour iusques a auiourdhuy ne sommes partis du Camp.

Estants retournez du Bassa nous fusmes voir le Camp, lequel auoit enuiron douze ou treze mil de tour, & n'estoit encores tout asseblé, & y auoit des Pauillōs

† Le premier Bassa est la premiere personne apres le grād Seigneur. ilz sont quatre qui tous les

Le discours du voyage

jours s'assemblent & ordonnent de toutes choses tāt en paix qu'en guerre, & ce qu'ilz deliberēt en cōseil, est faict, toutesfois ilz le font sçavoir au grand seigneur. Le pmier Baissa ha quasi toute la puissance de faire ce qu'il veult, & tous Ambassadeurs vōt vers luy pour negocier. Celluy qui l'est pour le iourdhui a espousé la fille du grād Seigneur.

en nōbre de septāte ou quatrevingts mille pour le mois : car tous les Souldars generalement dormēt a couuert, & n'oient loger aux villages ne maisons, qui est cause qu'ilz s'accommodēt fort bien en Cāpaigne. Lon estime qu'il y ait de quatre a cinq cens mil hommes qui cōbetent tous a cheual, sauf dix mil Gennissaires qui sōt tous Arquebusiers, & en guerre marchēt tousiours a pied deuāt le grād Seigneur, leql enuoye de cinq en ciq ans (ou plus ou mois selō quil ha besoīg de gēts) p tous ses Pays, ou il ya des Chrestiens, comme en Vngrie, Schiauonie, Bulgarie, Grece, Armenie, & autres Pays, certains hommes deputez, qui vont de maison en maison: & ceulx qui ont deux filz, sont cōtrainēts en dōner vn pour le Seigneur, choisissent & le prēnent au dessus de douze ou quinze ans, & en font vn grand amas, puis les menent a Cōstatinople en vn grand Serrail, & les retaillēt tous, & les font Turqs, & les font aprendre l'art a quoy ilz se mōstrent plus idoines. & les appellēt Genouglās, qui veult a dire enfans rudes, & mal apris. Le Seigneur leur donne a tous certaine pension & soulde, dont ilz viuent, & l'augmente selon qu'ilz proffitent, puis au bout

de Venise a Conſtantinople. 21

au bout de ſix, ſept, huict, dix, douze ans, on faict ceulx qui excerçoiét le meſtier de la guerre, Genniſſaires, & ont ſix, ſept, huict, dix, & douze Aſpres (qui ſont comme Carolus) tous les iours, tant en paix comme en guerre. Ilz ne recongnoiſſent ne pere, ne mere, ne parents, autre que le grand Seigneur, car ilz ſont pris ieunes, c'eſt la plus grand force dudict grand Seigneur en tous ſes Pays. quand meurt vn grand Seigneur (c'eſt a dire Roy de toute la Turquie) le plus aiſné ne ſuccede pas, mais celluy qui ha la faueur des Genniſſaires. qui pour eſtre congneus des autres Turqs, portent en teſte comme vne Coquille de Damoyſelle, tout ne plus ne moins, mais elle eſt d'vn certain drap blāc de Genniſſaires. ilz deuiennent Saphis, qui ſont Souldats a cheual, & alors portent le Turban blanc. puis ilz deuiennent Schiaoux, c'eſt a dire Gouuerneurs des Prouinces, Capitaines, & puis Baſſats, ſelon qu'ilz font leur debuoir, & qu'ilz ſont gents d'eſprit: tout le reſte des autres cōbatants porte Lances, Arc, & Fleſches, & vn Bouclier, ſans leur Simitarre, & aucuns encores l'eſtoc. ilz ne portent point d'armes en teſtes, car ilz portét ordinairemét

Aſpres, mōnoye des Turqs qui ſont cōme Carolus.

Saphis, ſont Souldats a cheual.

F

Le discours du voyage

le Turban qui les peult defendre de quelque coup que ce soit, voire d'Arquebufade : ilz portent au reste quelque iaque de maille, & vn gardebras, & aucunes certaines armes a leur mode, qui couurent seulement l'estomac, & l'eschine. le iour ensuyuant que fusmes arriuez, le Camp logea pres de Caffancala, chasteau assis sur vne montagne, puis passames deux fleuues qui s'assemblent en vn soubs vn pont: lequel passames. ledict pōt est quasi ruiné, & y a l'Aigle engraué q est tout entier, le nō du fleuue est Araxis, & la cōmēceames a entrer au Pays de l'ēnemy: & p plusieurs iours nostre chemin fut par montagnes, & passames plusieurs fleuues a gué, & entre autres le Tigre. le six, & septieme iour trouuames vn peu meilleur Pays, & beaux villages, & arriuames en vne petite ville du Sophy nommée Argis, laquelle estoit abandonnée & n'y auoit vne seule personne. ceste ville est assise en vne belle plaine enuironnée de Marais, & a dedans vn fort beau chasteau. il y a vn fleuue qui passe aupres, dōt ie ne sçay le nom: lequel va tomber au lac de Vastan a deux mil pres ladi-&te ville. ce lac est celluy (comme ie pense) qui anciennement s'appelloit Mantianus

Le lac de Vastan.

nus lacus, & est fort beau & grand, car il dure dix, ou douze iournées de tour, l'eau n'est doulce ne sallée, mais ha vn certain goust comme d'amer. il n'y croist poisson que d'vne sorte, qui est petit cōme vn haranc, mais il ha la chair rouge, & ne se prēd qu'vne foys l'an en certaine saison, on en prend cent, & deux cents charges de cheual pour vne nuict. Ilz le sallent, & en fornissent tous ces Pays. nous en māgeames qui nous sembla fort bon, il tombe dedās plusieurs fleuues de tous costez. Le Camp seiourna en ce lieu quatre iours ou fut crié que chascun se pourueust de viures & Biscuit pour deux moys.

Au departir de ceste ville d'Argis le Cāp logea pres du lac, & cōmenceames a trouuer vn fort mauuais chemin en pays deserts & infertiles, ou passames des destoicts de montagnes fort dāgereux, pour la presse & foulle du Camp, ou moururēt plusieurs personnes, & plus de quatre mil animaux, Cheuaux, Mulets, & Chameaux, que vismes tomber chargez, en se precipitant du sommet des montagnes, choses fascheuses, & dangereuses à voir: toutefoys nous eusmes faueur de passer a

F ij

Le discours du voyage

bonne heure par le moyen d'vn Chiaoux du grād Seigneur, mais a grand dificulté. Apres l'yssue de ces mauuais chemins nous arriuames a vn gros bourg, appellé Coil, qui est le plus beau lieu, q̄ nous eussions trouué il ya long temps. tous les habitants s'en estoient fuys, il y a vn grād Parc de Iardinages, & lieux plaisants du Sophy, ou lon dict qu'il venoit souuent a l'esbat. il y a vne infinité d'autres Iardins, & arbres Fructiers, Pommiers, Poiriers, Abricots de toute bonté, grosses Prunes, Amādes, & plusieurs autres, lesquelz noˢ festoyasmes assez biē pour vn coup. nous partismes de ce lieu enuiron vespres, & cheminames toute la nuict iusques au lēdemain sur le Midy, pource q̄ nous trouuions de l'eau. enuiron trois heures deuāt iour, l'auantgarde rēcontra quelques auāt coureurs, & Cheuaux legers Persiens, en nombre de quatre ou cinq cents, ou se feit vne escarmouche pour vne heure. Nous logeames en vn beau lieu, ou trouuames de l'eau, alors chascun se tenoit sur ses gardes, & esperoit on, pour vray, la bataille, mais le Sophy s'en estoit retiré bien auant dans ses autres Pays auecques tout son Camp, & auoit emporté toutes les richesses

ses de Tauris, & emmené la plupart des pérsonnages, & ne se presenta aucunement a donner iournée de bataille, ainsi que chascū esperoit, ou pour raison qu'il ne se fioit trop de ses gents, (au moyen de son frere qui estoit auecques nous & estoit Chef de Lauantgarde) ou pour cause de l'Artillerie, & Arquebusiers du grand Seigneur, qu'ilz craignent grandement, car n'vsent guieres de bastons a feu, qui est la principale cause, (aisi qu'on dict) qu'ilz ne se sōt rencontrez, autrement lon les estime fort vaillants: & les Turqs mesmes confessent qu'vn Persien batra tousiours deux ou trois Turqs, & a la verité ilz les craignēt.

Les Persiens sont gents de grād force, & n'vsent guieres de bastons a feu.

De ce lieu nous arriuames en vn village nommé Merent, lieu plaisant, & abondāt en Iardinages, & Fruictiers, de la a Sophiē, vne iournée pres de Tauris, & passames par certaines montagnes toutes couuertes de Sel en grand quantité. & se campa le Camp pres Tauris trois ou quatre mil, auquel lieu vint au deuant du grand Seigneur le reste du pauure peuple, qui y estoit demouré auec Tabours, & Baudieres, en signe d'alegresse. il ne leur fut faict aucun desplaisir.

Montagnes pres de Tauris qui produisent le Sel.

F iij

Le discours du voyage

Le iour ensuyuant de bon matin nous passames par la ville de Tauris, qui fut 25. de Iuillet, & se campa le Camp pres la ville du costé de Leuant. Tauris est ville royalle du Roy de Perse au pays de Medie, ou ordinairemẽt il fait sa residẽce, elle est fort grande, enuirõnée de quinze a seze mil de tour, bastie a la mode du Pays, toute de terre, elle est assise en vne belle plaine, & du costé de Leuant y a vne petite montagne, ou est vn chasteau ruiné, & n'est aucunemẽt forte, ne de forteresse, ne de murailles, ne de fossez, mais dificile a fortifier. il vient vne petite riuiere de la montagne, de laquelle on tire l'eau par conduicts qui fournissent toute la ville, & l'accommodent par tel moyen, & industrie, qu'il n'y a si pauure maison & Iardin, qui n'ait d'eau en abondance. La ville est fort peuplée ordinairement, & n'a rien d'antiquité, & ne puis sçauoir comme elle s'appelloit anciennement. a la verité aucuns diẽt que c'est Batana, mais c'est chose faulse, car Batana est pres le port Caspie. ie pẽse, que c'estoit Taphtiqui, ou Tauriqui. la ville est toute bastie de terre meslée auecques Paille menue, & en font cõme Torchis, & bastissent fort belles maisons, puis les

L'excellente description de la ville de Tauris.

les enduifent de Plaftre. c'eft chofe incroyable cōbiē font fortes femblables murailles, & edifices, & de grand durée. Entre autres baftiments le Palais du Roy eft fort magnifique, & a vray dire c'eft le plus beau lieu, & plaifant que iaye iamais veu, & telle eft l'opiniō de tous ceux de noftre cōpagnie, que ne Fōtainebleau, ne fainct Germaī, ne Madric, & autres Chafteaux, & belles maifons de France, font a comparer a icelluy, pour vn lieu de plaifance, & pour richeffes de painctures, & ouurages diuins, toutes les chambres font peinctes en partie d'Or & d'Azur, & autres fines painctures, & font faictes en voultes bien & richement elabourées. Ie ne vous fçauroys trop louer les feneftrages, & vitres, car ie n'en vy oncques qui approchaffent a leur perfection. il ya des Eftuues, & Baings fort magnifiques, tāt de pierre de Marbres que de Porphyres, & au milieu de la grand court y a vne belle Fontaine, & vn lieu ou f'arrefte l'eau, faict en rond, en façō de Pifcine. puis les Iardins qui fōt grands, & abōdent de beaux Fructiers, & Chefnes de grād plaifir. il fe voit p̄ la ville pres la place deux ou trois Mofquées, c'eft a dire Eglifes Turquefques, qui ont

L'excellēce du chafteau du Roy de Perfe en la ville de Tauris.

vn fort grãd corps, & sont elabourées dedans & dehors de Mosaiques & painctures sẽblables a celles du Chasteau. La ville est autant habitée dessoubs cõme dessus terre, & toutes les maisons ont generalemẽt plus de chambres dans terre, que dessus. la ville estoit fort desolée & mal en ordre, pource que tout estoit abandonné du Roy, & les riches s'estoiẽt tous partis. Le grand Seigneur ne delibera suyure son ennemy plus auãt, tant pour crainĉte des deserts qu'il luy eust conuenu passer, que pour raison de l'hyuer. Il vsa d'vne grand' magnanimité en Tauris, que y estant arriué, ne permit que ce qui y estoit fust pillé, & sacagé: mais mit gardes dedãs pour empescher qu'il ne fust faict desplaisir au reste du pauure peuple qui estoit demouré dedans. & y ayãt seiourné quatre iours, s'en partit. Nous n'auons veu aucũs faicts d'armes d'importance, & n'y a eu guerre q̃ contre la faim, ne mortalité que pour les animaux, que lon estime estre morts en nõbre de plus de cent mille: & certes ie croy qu'il en est mort ẽcores pl⁹ de Chameaux, Mulets, & Cheuaux, tant de lasseté & trauail du long voyage, que d'auoir enduré soif & faim : car nous auons esté plus de deux

La ville de Tauris habiteé dessus & dessoubs.

deux moys que la mesure d'Orge (comme vn boyceau) couſtoit deux, trois, & quatre Ducats.

Ie ne veux oublier vous eſcrire de la bóne guerre que font les Turqs auecques les Perſiés, c'eſt qu'ilz ne ſe prennent iamais priſonniers & a rançon, mais couppent la teſte a ceux qu'ilz prennét, & la preſentét a leur Capitaine & Chef, qui leur faict croiſtre leur Soulde. Ilz ne ſe font point Schiaues entre eux, pource qu'ilz font toꝰ Mahometiques, & d'vne foy : toutefoys qu'ilz ont telle difference entre eux, comme les Heretiques, & Catholiques en Chreſtienté. ie ne laiſſeray en arriere de vous dire la grand obeiſſance qu'ilz portét au grand Seigneur, de ne deſrober par les villages, & ne prendre choſe qui ſoit ſans payer, & eux meſmes l'ont pour grád conſciéce. D'auantage par les Camps tát ſur leur terre que celle de leurs ennemys, ne faire manger les Bledz, ne ſeulement entrer dedás, & ſi aucũ ſ'y trouuoit, la punition eſt qu'ilz le font mettre en terre, & uy donnét vingt, trête, quaréte coups de baſton ſur les feſſes, qui eſt la punitió dót lz vſent en choſes legeres, & qui ne me-

G

Les Turqs en guerre ne pillét les villages & ne viuét ſás payer.

La puniſ-tion des Turqs quád ilz offenſent en choſes legeres.

ritent point la mort: mais quelquefoys il les multiplient de forte (felon les delicts) qu'eſtás ainſi baſtonnez, ilz ne ſe peuuết ayder de deux ou trois moys. Auſurplus i'ay noté vne choſe que ſi toſt que le Cãp eſt arriué, vn chaſcun eſt tenu & cõtrainct laiſſer ſes armes au Pauillon, & n'aller par le Camp auec icelles, & viuent en grand paix. & ſ'il ſuruient quelque queſtion entre eux, elle ſe fait p̃ iniures, ou par coups de poing ou de baſton, & alors n'eſchet aucune punition: mais ſ'ilz font ſang & bleſſent aucun, ilz le condamnent a mort ſans remiſſion: & vous aſſeure qu'en tout noſtre voyage qu'auons fait ſuyuãts le Cãp n'auons veu (par miracle) en ſi grãd nombre de gents, que lon eſtime, comprenant tout vn miliõ de perſonnes, tirer Eſpée ne Simitarre l'un contre l'autre: ilz ne beuuết generalement que de l'eau, & mangent Biſcuit, quelques Fourmages, Moutõs, & certain Beuf ſallé ſec, qu'ilz portent touſiours par prouiſion, qu'ilz appellent Paſtramac: & ſont fort patients de faim & ſoif, & plus que nation du monde. il leur eſt defendu par leur loy de boire vin: mais ſ'ilz en trouuent en quelque village d'Armeniens,

Les Turqs en leur Cãp viuent en paix.

Inhibition aux Turqs de boire vin p̃ leur loy auſquelz toutefois ebrieté eſt honorable.

meniens, ou aux bonnes villes, ilz ont a grand hõneur de s'enyurer tous les iours. Nous auons esté quatre moys sans en boire, & estions bien aises quand trouuions de l'eau.

Or pour reuenir a nostre ppos le Cãp se partit de Tauris le penultime de Iuillet, & print chemin vers Ponãt, tirant vn peu sur le Midy, & feit cinq ou six grãds iournées par beau Pays en la Plaine de ladicte ville de Tauris, ou y a infinité de plaisants villages, & grands Bourgs, & abondance de fruicts de toute sorte, mais grand faulte d'eau pour vn tel Camp: car les personnes & Cheuaux souffrirẽt beaucoup. Le cinquiesme iour dudict moys trouuasmes vn fort beau lac, & grand, l'eau duquel estoit fort sallée, & au fons d'icelluy auoit force Sel fort blãc & bon, faict cõme gros poix, en façon de Dragée, qui semble chose artificielle. au riuage dudict lac y a de grosses Masses de Sel vn peu plus sallées & noires: ie me fus baigner dedãs, & entray enuiron deux mil, car en cest endroict n'auoit pas grand fons, mais le Sel est ainsi par tout le fons, qui est chose fort merueilleuse: i'en

Vn lac pduisant Sel blanc en façon de Dragée.

G ij

apportay a monseigneur l'Ambassadeur, qui le trouua fort estrange, ie ne sçay le nõ du lac ne moderne ni ancien, car nous ne trouuames homme en tous ces Pays la: mais ie sçay qu'il est bien grand, nous le coustoyames trois, ou quatre iours. Le 14. iour de Iuillet, le Camp arriua a Van, qui est vn fort chasteau du Sophy, assis sur vne Roche haulte, qui est au milieu d'vne belle Plaine pres du lac de Vastan, duquel auons fait mention par cy deuant. enuiron deux mil y auoit dedãs trois ou quatre mil Persiens Arquebusiers, la plus part tous vaillãts gẽts, & d'eslite, choysis par le Roy de Perse, pour la defense de ce chasteau. Le second iour que le Camp fut deuant, apres auoir faict aproches, & tranchées, lon commença a faire la baterie en deux endroicts, laquelle dura neuf iours entiers sans faire aucune bresche, ne prests a la faire. Le 9. iour ilz parlamenterẽt ensemble, & rendirẽt le chasteau, leurs bagues saues, voyants qu'ilz n'estoyẽt secourus par leur Roy en la Campagne. il leur fut tenu foy, & s'en allerent a saueté. lon estime ce chasteau estre imprenable, il y auoit force Artillerie dedans, dont les Persiens ne
se,

se pouuoient bien ayder, & viures pour deux ans. Le grand Seigneur y meit bonne garnison, & partit de ce lieu au moys d'Aoust, & vint camper en vne belle Plaine, pres d'vn petit lac, de la a Baudemaqui, & puis a Argis, ou auions passé allants a Tauris, & depuis pres de beaux villages Armeniens, sur la riue du lac de Vastan. le iour ensuyuant nous arriuames a Adigelueis, petite ville fermée sur la riue dudict lac, au dessus de laquelle sur vn gros rocher y a vn chasteau. la ville est fort belle, tant pour la grand quantité des Fontaines, Iardins, & lieux plaisants. En apres vinsmes en la Plaine d'Adigelueis, de la pres d'vn lac d'eau doulce, & puis passames a gué le fleuue du Tigre, & logeames sur la riue en vne belle Plaine.

Le lendemain passames vn autre bras dudict Tigre, & entrames en la Mesopotanie, & logeames a Tonoscala, pres vn fleuue nômé Carachopti, en vne grand Plaine, en laquelle y auoit grand quantité de bestial occis par les Persiens qui alloient deuant nous, faisants le gast des viures: & de la passames par montagnes, & vinsmes a Môtsouassi, a Mouch, & en la Plaine du

G iij

Le discours du voyage

dict Montsouassi pres le fleuue Carasoni, qui veult dire riuiere noire : & le iour ensuyuant hors ladicte Plaine logeames pres le Casal Nossensofilert, auquel y a certains grands arbres que les gents du lieu tiennent en grãd reueréce, pour ce qu'ilz dient qu'vn Sainct les a trãsmuez de Pomiers en Ormes, & les tiennent en grand miracle. Pres de ce lieu vers le Leuant est la montagne de Noé, ou lon dict que reposa son Arche au tẽps du deluge. derriere ladicte montagne de Noé, on dict qu'il y a vn lac qui boult incessammẽt, de sorte que les pierres dansent dedãs, ceux du village nous l'ont asseuré pour vray, nous ne l'auons peu voir pour cause du Cãp qu'il nous failloit suyure. de ce lieu vinsmes a Bitlis, qui est vn fort beau chasteau, assis sur vn Rocher, & edifié par vn Empereur de Constantinople, ainsi que me dirét aucuns Armeniés, & qu'il y auoit plusieurs antiquitez dedans de Monuments anciés, & Coulõnes escrites en Grec : mais ie n'y sceus entrer. Il y a le village au dessoubs sur montagnes & Rochers de deux mille maisons pour le moís. puis vinsmes loger pres vn petit chasteau assis sur vne montagne,

Superstition de Turqs.

de Venise a Constantinople. 28

gne, sur la riue d'vne petite Riuiere, puis a
Techit, a Lisge, pres des baings naturelz,
& y passe la Riuiere d'Erzin.

Les iours ensuyuāts logeames en la grād
Plaine de Caraemit, & le 25. Septēbre ar-
iuames audict Caraemit, & se campa le
grand Seigneur a deux mil pres de la ville.
Mōseigneur l'Ambassadeur auec toute sa
compagnie vint loger dedans la ville en
plusieurs maisons d'Armeniens, qui nous
receurent fort gracieusement. Caraemit
est ville de la Mesopotanie, assise en vne
grand Plaine sur vn petit lieu hault, qui est
tout Roche, & ha les murailles toutes entieres, & grandes, plus fortes que de ville
que nous ayōs point veue en tout le voy- *Description de*
age. Elle ha de circuit enuiron six ou sept *Caraemit*
mil, lon appelle Caraemit, pource que les *ville en*
murailles sont noires, car Cara en Turq *Mesopo-*
veult dire noire, & Emit est le nom de la *tanie.*
ville, anciennement appelée Amida, qui
estoit limite du Dommaine Romain. de
ce costé la ville est reduicte a la Turquesq̄,
c'est a dire bastie toute de terre, sauf le Cha
steau, & quelques Eglises anciennes de
Chrestiens, que les Turqs ont vsurpées,

pour en faire leurs Mofquées. la ville eft fort abondante en fontaines, elle eft quafi toute habitée d'Armeniés, & Iacobites, qui font Chreftiens, & peu de Turqs. Le grand Seigneur feiourna en ce lieu quatre ou cinq iours attendant aduis & nouuelles du Sophy, & entendit qu'il eftoit en fes pays bien auant, & auoit paffé a Arfingā, lequel auoit auffi pillé tous villages, & bourgs qui ne fermoient point. il vint a Efdron, mais il ne peut rien faire, & auoit vn Camp (a ce qu'on dict) de quarante, ou cinquante mil hommes bien montez, auec peu de bagage. Le grand Seigneur y enuoya grand nombre de gents, qui fepara en trois parties, pour l'aller rencontrer, par diuers lieux, & luy ferrer paffages, s'il eftoit poffible, & enuoya le Caz, frere du-

Bagadat pour Babilonne. dict Sophy en Bagadat, qui eft Babilonne, auec grand nombre de gents, pour endōmager le pays du Sophy de ce cofté, & luy faire tefte. & luy fe partit de Caraemit auecques le refte de fon Camp, pour venir a la volte de Sonas, anciennement dicte Sebafta, en la Capadoce, pour ferrer ce paffage. Mōfeigneur l'Ambaffadeur feiourna encores deux iours a Caraemit, & delibera s'en

ra s'en aller droict a Sonas par vn chemin plus court, que celluy du grand Seigneur, & partismes le 9. iour d'Octobre, & logeames en vn Casal au pied des môtagnes & par quatre iournées passames sur lesdictes môtagnes, fort fascheuses, & arriuames pres d'vn petit lac nommé Giolgich, ou il y a au milieu vne petite Isle d'Armeniens, ou seiournames vn iour. Le lendemain arriuames en vn chasteau fort hault, habité de Turqs, pres le fleuue Eufrates. & le iour ensuyuant passames l'Eufrates par Barque, & vinsmes coucher a Malatia, qui est vne petite ville en vne Plaine, toute enuironnée de montagnes, elle s'appelloit anciennement Melitene, ou finissent les Monts Taurus, Amasius, & Amanus. en ce lieu seiournames cinq iours pour ouyr des nouuelles du grád Seigneur, qui estoit en Carpu, pres de Madacia deux iournées, & entendismes qu'il s'en retournoit a Caraemit: & pour le suyure, partismes de Malatia, & cheminames par vn autre chemin que celluy qu'auions fait, & montames par quatre iours entiers de haultes & fascheuses montagnes, & entre autres passames le mont Amanus, & quand fusmes au

Malatia anciennement appellée Melitene.

H

Le discours du voyage

plus hault d'icelluy, passames par vn destroict de Rochers, faicts en façon de portes, qu'on appelloit anciennement les portes Amaniques, & commenceames a descẽdre par meschãts chemins, & passames vne autrefois l'Eufrates en Barque, a deux iournées pres de Caraemit: & finablemẽt arriuames au Camp, qui estoit assis pres vne petite riuiere a deux mil de la ville.

Et alors vindrẽt nouuelles au grand Seigneur q̃ le Sophi s'estoit retiré en ses Pays, & auoit passé au milieu de trois cõpagnies que lon y auoit enuoyé, & fut faicte quelque petite escarmouche de peu d'importãce. ledict grand Seigneur retira tous ses gents, & delibera s'en venir en Surie a la volte d'Alep: & pour ce faire partit de Caraemit le 9. Nouembre, & cheminames six iours par la Plaine iusques a Orsa, autrement Roa, qui est ville fort ancienne: i'y parlé a plusieurs Armeniens, & a leur Patriarche, & me suis enquis de ladicte ville, & m'ont dit que anciennement s'appelloit Etasia. ceste ville est fort grande, comme deux fois Caraemit, assise partie en plaine, partie sur vne petite mõtagne, ou le

Orsa ville ancienne, autremẽt Roa

ou y a Chasteau. les murailles sont de grosses pierres de taille fort vieilles, & qui sont en parties tombées. elle a esté autrefois bien bastie, comme il appert par les vestiges de plusieurs grāds maisons, murailles, Eglises, Chasteau, & autres bastiméts, & comme il se voit encores des fondements des vieilles murailles, d'ou lon tire de grosses pierres. aussi il se voit de grandes Coulomnes de pierres dures, entieres, qui demōstrēt auoir soustenu quelque bastimēt, ou galeries fort haultes, eleuées sur vieux bastiments. le Chasteau est grand, assis sur la coste de la mōtagne, & ha de beaux fossez profonds, taillez dans la roche vifue miraculeusement. il y a dans la ville, pres du Chasteau, vne belle Fontaine, qui sort de dessoubs terre, & faicte cōme vne grand Piscine, ou y a grand quantité de poisson gras, que les Turqs font grand cōscience d'en manger. pres ladicte Fontaine y a vn lieu, comme vne Chapelle, engrauée dans la Roche, ou ilz dient que Abraham est né, & les Turqs gardent ce lieu, & le tiennent en grand reuerence. ilz dient que le filz de Nembrot estoit seigneur de ceste ville. il y a a vne iournée

H ij

pres vne ville nommée Charan, ou Haran, qui estoit pays de Tara, pere d'Abraham, ainsi que me disoient lesdicts Armeniens. Ie lisoys ces iours passez en Pline au chapitre d'Eufrates, ou il parle de Calliroé, & Carras, & m'est venu en opinion de penser que Calliroé soit corrompu depuis ce temps la, & que les Turqs (cōme ilz font de toutes villes, de Constantinople, Stampol, Andrinople, Adrine, & autres semblables) ayent laissé les deux premieres syllabes, & appellé Roa, cōme ilz l'appellent encores auiourdhuy, & Carras soit Charan, qui est la pres, ou mourut Marc⁹ Crassus, Romain: aussi y a vne cho-

Ca'liroé en Grec, belle fontaine.

se qui me meut de dire que Calliroé signifie belle fontaine, & me semble qu'il conuient fort bien a ceste belle Fontaine de Roa, qui donne eau par toute la ville, & fait de grands ruisseaux: i'en laisse le iugement a ceux qui l'entendent mieux. alentour de la ville, contre les fossez, & sur petits coustaux voysins y a vne infinité de petites maisons, & chambres entaillées dans le Roch vif, auec merueilleux artifice, lesquelles sont habitées. il y en a de grādes ou tiendront cinq ou six cents cheuaux.

uaux. Ie fus sur vne montagne haulte, enuiron deux mil dudict Roa, ou y auoit anciennement vne Eglise bastie (ainsi que me disoit vn Armenien, qui estoit auec moy) par vn Theodorus de Constantinople. ie n'en ay peu sçauoir autre chose: il y a encores grand partie du bastiment, mais le dessus a esté abatu, & vo' pmectz que ie ne vy iamais de plus belles & grandes pierres, & mieux elabourees, ie lisoys en aucunes quelques motz Grecz: mais ie n'en ay rien sceu tirer. nous seiournames en ceste ville vn iour, puis cheminames encores par Plaines trois iours, & vinsmes en vne petite ville, qui ha vn fort chasteau sur le bort d'Eufrates, qui luy bat les murailles, & s'appelle Bir, anciennement Birsinia. le Camp demoura a passer quelques iours, & entrames en la Surie, & cheminames tousiours par belles Cãpagnes iusques a ceste ville d'Alep, ou nous nous trouuions fort resiouys, veu les mauuais Pays qu'auions passez, Nous regardions 28. & 30. villages d'vne veue, & par ceux que passions y auoit vn Marché fort ioly; & entre autres choses, Oliues, Oranges, Cytrós, Grenades, Raisins encores frais:

H iiij

Le discours du voyage

Figues, & autres fruicts en abondance, a tres grand marché: & alors nous sembloit bien qu'estions au bon Pays.

Nous arriuames en ceste ville d'Alep le 22. Nouembre, qui est fort grand ville, en la Surie, assise en grand Plaine, & estoit anciennemēt appellée Beroa, elle est fort marchande, & plus que Constantinople, ou autre ville de Leuant: car elle est l'apport de toutes ioyes, espiceries, & autres marchandises qui viennent des Indes, & aussi des draps, Carisez, & autres qui viēnent de Ponant. la ville ha de circuit enuiron douze mil, & ha au milieu vn tres beau & fort chasteau, qui garde toute la ville. le grand Seigneur s'est logé dedans, & vne grand partie de son Camp: le reste est allé a Damas, a Tripoly, a Antioche, Barati, Aman: & autres, icy pres a hyuerner: & les vns dient que sur le temps nouueau il ira vers Bagadat, c'est a dire Babilonne, pour entrer dans le pays du Sophy, de ce costé la. les autres dient quil ira coutre les Gorgiens, les autres qu'il s'en retournera a Constantinople, l'on n'en sçait rien de certain, ie croy qu'il se gouuerne-

La ville d'Alep, anciennement appellée Beroa.

de Venise a Constantinople. 32

ra selon que le Sophy fera mouuement, & comme il aduisera. ce temps pendant mõseigneur l'Ambassadeur hyuernera en ceste ville, & n'abandonnera le Seigneur: ie luy ay ouy tenir propos de faire vn beau voyage deuant que retourner a Constantinople, & a long temps qu'il lauoit deliberé, c'est d'aller a Tripoli, Damas, Ierusalem, qui n'est qu'a deux iournées d'icy. puis au grand Caire, de la a la mer rouge, & en Alexandrie, & d'Alexandrie (ainsi qu'il aduisera) s'en retournera par terre, ou par Mer a Constantinople, & verrons les Isles de Cypre, Rhodes, Cio, & autres belles villes, si Dieu nous en donne la grace, nous aurõs fait le pl⁹ beau voyage qu'hõme de nostre aage ait faict, & espere que le ferons. si le grand Seigneur s'en fust allé a Cõstantinople, ie pense que fussiõs desia au chemin de cest entrepris voyage.

Or ie vous ay fait entendre (Monseigneur) le plus briefuement qu'il m'a esté possible, le temps que i'ay passé depuis vn an. ou pourrez cõgnoistre que ie n'ay pas esté guieres en repos, mais cõtinuellemẽt a cheual, & enduré beaucoup de peine &

H iiij

Le discours du voyage

trauail, comme de dormir en Campagne, par lespace de sept moys, auoir souffert les extremitez de grand froid & chault, auoir eu faulte d'eaue a boire, qui m'a pl⁹ fasché que toutes autres choses, & estre en Pays infideles, fort estranges & barbares, esloignez de toute ciuilité, & humanité: ausq̃lz si lon n'ha support, il y fait fort mauuais, & dangereux: mais le tout m'ha esté pour plaisir, pour le grand contentement que i'ay d'auoir apris quelque chose, & veu si grand Pays, & en esperance d'en voir de plus beau: aussi pour la bonne expectatiõ que i'ay d'auoir quelq̃ depesche a la Court par mõseigneur d'Aramon, Ambassadeur pour le Roy, vers le grand Seigneur, qui me seruira beaucoup, tãt pour y auoir q̃lque entrée & faueur, que pour auoir congnoissance & maniement d'affaires, par lesquelles i'espere paruenir a estre quelque chose, dont i'ay tres grand desir: si i'en ay le moyen vous congnoistrez que ie feray si bien mon debuoir en toutes choses (ou ie seray employé) que ceux pour lesquelz i'emploiray mon seruice, auront occasion de se contenter de moy. s'il aduenoit que ie ne peusse auoir depesche pardela

dela, ie me delibere (ayāt receu nouuelles
de noſtre maiſon) ne faire long ſeiour pardeça. il vous plaira me faire ſçauoir de voz
nouelles, vous le pourrez faire enuoyant
a la Court voz letres en la maiſon de mōſieur de Laubeſpine, ou mōſieur le Rece-
ueur de Sens, qui font les depeſches par
deça. & le preſent porteur, monſieur de
Codignac, valet de chambre ordinaire du
Roy (qui eſt fort mon amy) apres auoir ſe-
iourné a la Court quelques quinze iours,
s'en retourne en toute diligence par deça:
& ne me pouuez faire tenir voz letres pl⁹
toſt. Ie feray fin a la preſente, vous ſup-
pliant qu'il vous plaiſe me tenir pour l'vn
de voz obeiſſants ſeruiteurs, preſt a vous
obeir, en tout ce qu'il vous plaira me com
mander, & ce pendant ie preſenteray mes
treshumbles recommendations a voſtre
bonne grace: Priant le Createur vous dōner en ſanté bonne longue &'vie. d'Alep,
en Surie, ce 5. de Decembre.

Voſtre treshumble & obeiſſant
Nepueu Iaques Gaſſot.

Extraict des Regiſtres de Parlement.

LA Court a permis & permet a Antoine le Clerc, Libraire, demourant a Paris, pouuoir faire imprimer & expoſer en vente vn petit liure, intitulé Le diſcours du voyage de Veniſe a Conſtantinople, auec deſcription de pluſieurs lieux, villes & citez de la Grece. Faict & cōpoſé par maiſtre Iaques Gaſſot. Deſfendant a tous autres Libraires & Imprimeurs de ce reſſort, icelluy liure imprimer dedans quarante ans prochains, ſans le cō ſentement dudict le Clerc, ſur peine de cō fiſcation de ceux qui autrement ſeroient imprimez, & d'amende arbitraire.
Faict en Parlemēt le vingtſixieme d'Auril, l'an mil cinq cens cinquante.

Collation eſt faicte.

Signé   Berruyer.

www.ingramcontent.com/pod-product-compliance
Lightning Source LLC
LaVergne TN
LVHW022123080426
835511LV00007B/992